Introduction
- Présentation de l'auteur et de son expérience dans le domaine du TDAH
- Importance de la psycho-éducation dans la gestion du TDAH

Chapitre 1 : Qu'est-ce que le TDAH ?
- Définition du TDAH et ses principaux symptômes
- Types de TDAH : avec et sans hyperactivité
- Mythes et réalités sur le TDAH

Chapitre 2 : Causes et facteurs de risque
- Facteurs génétiques et environnementaux
- Impact du développement cérébral et des neurotransmetteurs
- Comorbidités fréquentes associées au TDAH

Chapitre 3 : Diagnostic et évaluation
- Processus de diagnostic chez les enfants, les adolescents et les adultes
- Importance d'une évaluation multidimensionnelle
- Outils et tests utilisés pour le diagnostic

Chapitre 4 : Impact du TDAH sur la vie quotidienne
- Difficultés académiques et professionnelles
- Relations interpersonnelles et familiales
- Estime de soi et troubles émotionnels associés

Chapitre 5 : Approches de traitement et de gestion
- Options thérapeutiques : médicaments, thérapies comportementales et cognitives
- Stratégies éducatives et aménagements scolaires
- Importance du soutien familial et des réseaux de soutien

Chapitre 6 : Conseils pratiques pour la gestion au quotidien
- Techniques d'organisation et de planification
- Gestion du temps et des tâches
- Rôle crucial de l'autosoin et de la gestion du stress

Chapitre 7 : Vivre avec le TDAH à différents âges
- TDAH chez l'enfant : conseils aux parents et aux enseignants
- Adolescents et TDAH : transition vers l'indépendance
- TDAH à l'âge adulte : carrière, relations et équilibre de vie

Chapitre 8 : Perspectives d'avenir et avancées dans la recherche
- Nouvelles approches thérapeutiques et médicales
- Impact des découvertes neuroscientifiques sur la compréhension du TDAH
- Progrès vers une meilleure sensibilisation et acceptation sociale

Conclusion
- Récapitulation des points clés abordés dans le livre
- Encouragement à une approche positive et proactive face au TDAH
- Ressources supplémentaires et recommandations pour aller plus loin

Annexes
- Glossaire des termes clés
- Ressources en ligne et associations de soutien
- Outils pratiques et modèles de planification

Préface

Lorsque j'étais enfant, j'ai souvent ressenti que mon esprit était comme une tornade. Mes pensées tourbillonnaient sans cesse, m'entraînant dans des directions multiples, me rendant difficile de me concentrer sur une tâche à la fois. À l'école, j'étais cette élève que l'on qualifiait d'inattentive, d'agité et parfois même de "rêveuse". Je passais mon temps à essayer de comprendre pourquoi je n'étais pas comme les autres, pourquoi mes efforts pour rester concentrée semblaient vains. Ce n'est qu'à l'âge de 15 ans que j'ai reçu un diagnostic de TDAH. Pour moi, c'était à la fois un soulagement et une nouvelle source de questions.

La compréhension du TDAH m'a ouvert un monde de connaissances et de techniques qui ont changé ma vie. La psychoéducation, en particulier, a été une révélation. Elle m'a permis de comprendre le fonctionnement de mon cerveau, d'appréhender les défis spécifiques que je rencontrais et de découvrir des stratégies efficaces pour les surmonter. La psychoéducation m'a donné des outils concrets et m'a aidée à développer une meilleure estime de moi-même. Grâce à cela, j'ai pu transformer ce qui était autrefois une source de frustration en une force.

Ce livre, que vous tenez entre vos mains, est le guide que j'aurais aimé avoir plus tôt dans ma vie. Il est destiné à tous ceux qui, comme moi, vivent avec le TDAH, mais aussi à leurs proches, enseignants et amis. Il ne s'agit pas seulement d'un manuel technique, mais d'un véritable compagnon de route, conçu pour éclairer, soutenir et inspirer.

À travers ces pages, vous découvrirez une mine d'informations précises et détaillées sur le TDAH. Vous apprendrez comment le diagnostic est posé, quelles sont les causes potentielles de ce trouble et comment il se manifeste à différents âges de la vie. Vous explorerez les diverses approches thérapeutiques disponibles, des traitements médicaux aux stratégies éducatives, en passant par les techniques de gestion au quotidien.

Mais au-delà des connaissances théoriques, ce livre offre des conseils pratiques pour vivre avec le TDAH. Vous trouverez des techniques d'organisation, des astuces pour améliorer la concentration et des méthodes pour gérer le stress et les émotions. Chaque chapitre est conçu pour être accessible et facile à comprendre, même pour ceux qui, comme moi, peuvent avoir du mal à se concentrer longtemps sur une seule tâche.

J'espère que ce livre vous apportera autant qu'il m'a apporté. Qu'il soit une source de réconfort, de compréhension et de motivation. Car vivre avec le TDAH n'est pas une malédiction, mais une particularité qui, une fois apprivoisée, peut devenir une force incroyable.

À vous, qui lisez ces lignes, je souhaite que ce livre soit le début d'un voyage vers une meilleure connaissance de vous-même, une gestion plus sereine de votre quotidien et une vie épanouissante malgré – et grâce à – votre TDAH.

Avec toute mon affection et ma solidarité,

Sophie

Introduction

Présentation de l'auteur et de son expérience dans le domaine du TDAH

Je m'appelle Claire Dufresne et je suis spécialiste du TDAH (Trouble Déficitaire de l'Attention avec ou sans Hyperactivité). Mon parcours a commencé il y a plus de quinze ans, lorsque j'ai entrepris des études en psychologie à l'Université de Paris. Mon intérêt pour le TDAH s'est développé lorsque j'ai commencé à travailler avec des enfants et des adultes présentant ce trouble. Au fil des années, j'ai pu constater les défis et les obstacles qu'ils rencontrent au quotidien, ainsi que les préjugés auxquels ils font face.

Mon expérience s'est enrichie grâce à mon travail dans diverses institutions éducatives et centres de santé mentale. J'ai eu la chance de collaborer avec des équipes multidisciplinaires, d'interagir avec des familles, des enseignants, et des professionnels de la santé, tous engagés dans le soutien des personnes atteintes de TDAH. Parallèlement, j'ai suivi de nombreuses formations spécialisées et participé à des recherches sur les interventions efficaces pour le TDAH, ce qui m'a permis de me tenir à jour des dernières avancées dans ce domaine.

Ce livre est le fruit de toutes ces années d'apprentissage, d'expérience et de passion. Mon objectif est de partager avec vous des connaissances précises, des outils pratiques et des stratégies éprouvées pour mieux comprendre et vivre avec le TDAH. Je souhaite que ce guide soit une ressource précieuse pour ceux qui, comme moi, veulent faire une différence positive dans la vie des personnes atteintes de ce trouble.

Importance de la psychoéducation dans la gestion du TDAH

La psychoéducation est une démarche essentielle dans la gestion du TDAH. Elle consiste à fournir aux personnes concernées et à leur entourage des informations claires et compréhensibles sur le trouble, ses manifestations, ses impacts et les moyens de le gérer efficacement. La connaissance est un pouvoir, et dans le contexte du TDAH, elle permet de démystifier le trouble, de réduire les préjugés et d'améliorer la qualité de vie des individus.

Comprendre le TDAH, c'est avant tout reconnaître qu'il ne s'agit pas d'une simple question de volonté ou de discipline, mais bien d'un fonctionnement cérébral différent. Cette différence peut se manifester par des difficultés de concentration, une impulsivité accrue, et parfois une hyperactivité. Cependant, ces manifestations ne définissent pas la personne dans son ensemble. La psycho-éducation aide à replacer le TDAH dans un cadre plus large, permettant de voir au-delà des symptômes et d'appréhender l'individu dans sa globalité.

Pour les parents, les enseignants et les proches, la psycho-éducation est une clé pour mieux comprendre et soutenir les personnes atteintes de TDAH. Elle offre des outils pour adopter des approches pédagogiques adaptées, des stratégies de gestion des comportements et des techniques de communication efficaces. Pour les personnes concernées directement par le TDAH, elle fournit des compétences pour mieux gérer leur quotidien, développer leur estime de soi et améliorer leurs relations interpersonnelles.

La psycho-éducation permet également de découvrir les nombreuses ressources disponibles, qu'il s'agisse de thérapies, de groupes de soutien, ou de technologies assistives. Elle ouvre la voie à une approche intégrée, où la médication, si elle est nécessaire, s'accompagne de techniques comportementales et cognitives, et où l'environnement est aménagé pour favoriser le succès et l'épanouissement de chacun.

Ce livre, "Comprendre et vivre avec le TDAH : Guide de psycho-éducation", se veut un compagnon de route pour tous ceux qui souhaitent mieux comprendre ce trouble. Il est conçu pour être accessible à tous, que vous soyez parent, enseignant, professionnel de la santé, ou vous-même atteint de TDAH. Chaque chapitre est élaboré avec soin pour vous fournir des informations claires, des conseils pratiques et des témoignages inspirants. Ensemble, nous allons explorer les différentes facettes du TDAH, de son diagnostic à sa gestion quotidienne, en passant par les traitements disponibles et les stratégies d'adaptation.

Mon espoir est que ce guide vous aide à voir le TDAH non pas comme un obstacle insurmontable, mais comme une différence qui, une fois comprise et acceptée, peut devenir une source de force et de résilience. Que ce livre vous apporte les connaissances, la compréhension et le soutien nécessaires pour vivre pleinement et sereinement avec le TDAH.

Chapitre 1 : Qu'est-ce que le TDAH ?

Définition du TDAH et ses principaux symptômes

Le TDAH, ou Trouble Déficitaire de l'Attention avec ou sans Hyperactivité, est un trouble neurodéveloppemental qui affecte une proportion significative de la population mondiale. Il se manifeste par une combinaison de symptômes qui peuvent varier en intensité et en nature d'une personne à l'autre. Ces symptômes se regroupent en trois catégories principales : l'inattention, l'hyperactivité et l'impulsivité.

L'inattention se caractérise par une difficulté persistante à maintenir l'attention sur une tâche ou une activité. Les personnes atteintes de TDAH peuvent avoir du mal à se concentrer sur des détails, à suivre des instructions longues ou à organiser des tâches. Elles peuvent également sembler ne pas écouter lorsqu'on leur parle directement, perdre des objets nécessaires à leurs activités quotidiennes et être facilement distraites par des stimuli externes.

L'hyperactivité se manifeste par une activité motrice excessive qui est inappropriée pour l'âge de la personne. Les enfants hyperactifs peuvent courir ou grimper partout dans des situations inappropriées, avoir du mal à rester assis en classe ou pendant les repas, et parler excessivement. Chez les adultes, l'hyperactivité peut se traduire par une sensation de nervosité constante, le besoin de bouger ou de tapoter et une incapacité à se détendre.

L'impulsivité se caractérise par des actions précipitées qui se produisent sans réflexion préalable. Cela peut inclure des interruptions fréquentes dans les conversations, des difficultés à attendre son tour, ou des décisions prises sans considérer les conséquences. Les personnes impulsives peuvent avoir des comportements à risque plus élevés, comme des achats impulsifs ou des prises de risques inconsidérées.

Types de TDAH : avec et sans hyperactivité

Il existe trois types principaux de TDAH, chacun correspondant à une combinaison spécifique des symptômes d'inattention, d'hyperactivité et d'impulsivité :

1. TDAH avec prédominance de l'inattention : Ce type est caractérisé principalement par des symptômes d'inattention. Les individus peuvent rencontrer des difficultés à se concentrer, être facilement distraits, et avoir du mal à organiser des tâches. Ce type est souvent moins visible que les autres, car les symptômes d'inattention peuvent être perçus comme un manque d'intérêt ou de motivation plutôt que comme un trouble.

2. TDAH avec prédominance de l'hyperactivité-impulsivité : Ce type est dominé par les symptômes d'hyperactivité et d'impulsivité. Les personnes peuvent être constamment en mouvement, rencontrer des difficultés à rester assises, et agir de manière impulsive sans réfléchir aux conséquences. Ce type est plus fréquemment diagnostiqué chez les jeunes enfants en raison de la nature visible et perturbatrice des symptômes.

3. TDAH de type combiné : Ce type est le plus courant et se caractérise par une combinaison significative des symptômes d'inattention et d'hyperactivité-impulsivité. Les individus peuvent à la fois rencontrer des difficultés à se concentrer et être constamment en mouvement, ce qui rend ce type particulièrement complexe à gérer.

Mythes et réalités sur le TDAH

Le TDAH est souvent entouré de mythes et de malentendus qui peuvent compliquer la compréhension et la gestion de ce trouble. Il est important de démystifier ces idées reçues pour mieux appréhender la réalité du TDAH.

Mythe 1 : Le TDAH n'est pas un vrai trouble, c'est juste un manque de discipline.
Réalité : Le TDAH est un trouble neurodéveloppemental reconnu médicalement. Il résulte de différences dans le fonctionnement du cerveau, notamment dans les zones liées à l'attention, au contrôle des impulsions et à la régulation de l'activité motrice. Ce n'est pas une question de volonté ou de discipline.

Mythe 2 : Le TDAH est surdiagnostiqué et trop de personnes prennent des médicaments pour cela.
Réalité : Bien que le TDAH soit plus fréquemment diagnostiqué aujourd'hui, cela est en grande partie dû à une meilleure compréhension et reconnaissance du trouble. Les médicaments sont une option de traitement, mais ne sont pas systématiquement prescrits et doivent être accompagnés d'un suivi médical rigoureux et souvent de thérapies complémentaires.

Mythe 3 : Les enfants vont "sortir" du TDAH en grandissant.
Réalité : Le TDAH est un trouble qui persiste souvent à l'âge adulte. Bien que certains symptômes puissent s'atténuer avec l'âge, beaucoup de personnes continuent à éprouver des difficultés d'attention et de gestion des impulsions tout au long de leur vie. Une prise en charge adaptée dès le plus jeune âge peut aider à atténuer les impacts du TDAH à long terme.

Mythe 4 : Les personnes avec TDAH sont moins intelligentes.
Réalité : L'intelligence n'est pas affectée par le TDAH. Les personnes atteintes de TDAH peuvent avoir des niveaux d'intelligence variés, comme toute autre personne. Le TDAH affecte la capacité à se concentrer et à organiser les tâches, mais pas l'intelligence intrinsèque.

Mythe 5 : Le TDAH est seulement un problème d'enfants.
Réalité : Le TDAH affecte aussi bien les adultes que les enfants. Chez les adultes, les symptômes peuvent se manifester différemment, avec des défis liés à l'organisation, à la gestion du temps et aux relations interpersonnelles.

En clarifiant ces mythes et réalités, nous pouvons mieux comprendre le TDAH et offrir un soutien plus adapté à ceux qui en sont atteints. La connaissance est le premier pas vers l'acceptation et la gestion efficace de ce trouble, permettant ainsi aux individus de vivre pleinement et sereinement avec leur différence.

Facteurs génétiques et environnementaux

Le TDAH, ou Trouble Déficitaire de l'Attention avec ou sans Hyperactivité, est un trouble complexe dont les causes exactes ne sont pas entièrement comprises. Cependant, les recherches ont identifié plusieurs facteurs qui contribuent à son développement, dont les facteurs génétiques et environnementaux jouent un rôle significatif.

Facteurs génétiques

Les études ont montré que le TDAH a une composante génétique importante. Les enfants ayant un parent atteint de TDAH ont un risque plus élevé de développer ce trouble. Les jumeaux identiques ont également une probabilité beaucoup plus élevée de partager un diagnostic de TDAH par rapport aux jumeaux non identiques, ce qui souligne l'influence des gènes. Des recherches sur les gènes spécifiques ont identifié plusieurs variations génétiques associées au TDAH, notamment celles impliquées dans la régulation des neurotransmetteurs comme la dopamine, qui joue un rôle crucial dans les processus d'attention et de motivation.

Il est essentiel de comprendre que la génétique ne détermine pas à elle seule le développement du TDAH. Les gènes peuvent prédisposer un individu à développer le trouble, mais ce sont souvent les interactions avec des facteurs environnementaux qui déclenchent son apparition.

Facteurs environnementaux

Les facteurs environnementaux peuvent également contribuer au développement du TDAH. Ces facteurs peuvent inclure des influences prénatales, comme l'exposition de la mère à des toxines (alcool, tabac, drogues) pendant la grossesse, qui peuvent affecter le développement cérébral du fœtus. Des complications à la naissance, telles qu'un faible poids à la naissance ou une naissance prématurée, sont également associées à un risque accru de TDAH.

Pendant l'enfance, l'exposition à des substances toxiques comme le plomb, ainsi que des traumatismes crâniens, peut augmenter le risque de TDAH. De plus, des environnements familiaux stressants, comme les conflits parentaux, les abus ou la négligence, peuvent aggraver les symptômes du TDAH chez les enfants génétiquement prédisposés.

Il est important de noter que ces facteurs ne causent pas directement le TDAH, mais ils peuvent augmenter la probabilité de son développement chez des individus vulnérables. La combinaison de prédispositions génétiques et de facteurs environnementaux défavorables crée un terrain propice à l'apparition du TDAH.

Impact du développement cérébral et des neurotransmetteurs

Le TDAH est étroitement lié à des anomalies dans le développement cérébral et la fonction des neurotransmetteurs. Comprendre ces mécanismes est crucial pour saisir pourquoi les personnes atteintes de TDAH présentent certains symptômes caractéristiques.

Développement cérébral

Des études d'imagerie cérébrale ont révélé que les personnes atteintes de TDAH présentent souvent des différences dans certaines régions du cerveau par rapport à celles sans TDAH. Ces différences sont particulièrement marquées dans le cortex préfrontal, une région impliquée dans les fonctions exécutives telles que la planification, l'organisation, et le contrôle des impulsions. Le cortex préfrontal est également crucial pour le maintien de l'attention et la régulation des émotions.

Les enfants avec TDAH montrent souvent un développement retardé du cortex préfrontal, ce qui peut expliquer pourquoi les symptômes du TDAH sont plus prononcés pendant l'enfance et peuvent s'atténuer à mesure que le cerveau continue de se développer à l'âge adulte. D'autres régions du cerveau, comme les ganglions de la base et le cervelet, sont également impliquées dans le contrôle moteur et l'attention, et peuvent montrer des anomalies chez les personnes atteintes de TDAH.

Neurotransmetteurs

Les neurotransmetteurs sont des substances chimiques qui permettent la communication entre les neurones dans le cerveau. La dopamine et la noradrénaline sont deux neurotransmetteurs particulièrement impliqués dans le TDAH. La dopamine joue un rôle clé dans les systèmes de récompense et de motivation du cerveau, ainsi que dans la régulation de l'attention. La noradrénaline est impliquée dans la réponse au stress et la régulation de l'attention et des impulsions.

Chez les personnes atteintes de TDAH, les niveaux de dopamine et de noradrénaline peuvent être déséquilibrés, ce qui entraîne des difficultés à maintenir l'attention, à contrôler les impulsions et à réguler l'activité motrice. Les médicaments utilisés pour traiter le TDAH, tels que les stimulants (méthylphénidate, amphétamines) et les non-stimulants (atomoxétine), agissent en augmentant les niveaux de ces neurotransmetteurs dans le cerveau, aidant ainsi à atténuer les symptômes du trouble.

Comorbidités fréquentes associées au TDAH

Le TDAH ne se présente souvent pas seul. Il est courant que les personnes atteintes de TDAH souffrent également d'autres troubles, connus sous le nom de comorbidités. Ces troubles peuvent compliquer le diagnostic et la gestion du TDAH, rendant encore plus important une approche globale et intégrée de la prise en charge.

Troubles de l'humeur

Les troubles de l'humeur, tels que la dépression et le trouble bipolaire, sont fréquents chez les personnes atteintes de TDAH. La dépression peut se manifester par une tristesse persistante, une perte d'intérêt pour les activités, et des difficultés à dormir ou à se concentrer, ce qui peut aggraver les symptômes de TDAH. Le trouble bipolaire, caractérisé par des cycles de dépression et de manie, peut également se chevaucher avec les symptômes du TDAH, rendant le diagnostic plus complexe.

Troubles anxieux

Les troubles anxieux, y compris le trouble anxieux généralisé, les phobies et le trouble obsessionnel-compulsif (TOC), sont également courants chez les personnes atteintes de TDAH. L'anxiété peut exacerber les difficultés de concentration et de gestion des impulsions, créant un cercle vicieux où les symptômes de l'un aggravent ceux de l'autre. La gestion conjointe de l'anxiété et du TDAH est souvent nécessaire pour améliorer la qualité de vie des individus concernés.

Troubles de l'apprentissage

Les troubles de l'apprentissage, tels que la dyslexie, la dyscalculie et la dysgraphie, sont fréquents chez les enfants atteints de TDAH. Ces troubles peuvent affecter la capacité à lire, à comprendre les mathématiques, et à écrire, respectivement. Les difficultés scolaires peuvent aggraver les symptômes de TDAH, entraînant une baisse de l'estime de soi et une augmentation du stress et de la frustration.

Troubles du comportement

Les troubles du comportement, tels que le trouble oppositionnel avec provocation (TOP) et le trouble des conduites, sont également plus fréquents chez les personnes atteintes de TDAH. Ces troubles se manifestent par des comportements défiants, agressifs ou antisociaux. La combinaison de TDAH et de troubles du comportement peut poser des défis importants à la maison, à l'école et dans la communauté, nécessitant une approche de gestion comportementale et thérapeutique adaptée.

Autres comorbidités

D'autres troubles, tels que les troubles du sommeil, les troubles alimentaires, et les troubles liés à l'usage de substances, peuvent également coexister avec le TDAH. Ces comorbidités nécessitent une attention particulière et une approche intégrée pour une prise en charge efficace.

En comprenant les causes et les facteurs de risque du TDAH, ainsi que les comorbidités fréquentes, nous pouvons mieux appréhender la complexité de ce trouble et développer des stratégies de gestion plus efficaces et adaptées. La reconnaissance des facteurs génétiques et environnementaux, ainsi que l'impact du développement cérébral et des neurotransmetteurs, permettent de poser les bases d'une intervention éclairée et holistique. En abordant également les comorbidités, nous pouvons offrir un soutien plus complet et personnalisé aux personnes atteintes de TDAH, améliorant ainsi leur qualité de vie et leur bien-être global.

Processus de diagnostic chez les enfants, les adolescents et les adultes

Le diagnostic du TDAH (Trouble Déficitaire de l'Attention avec ou sans Hyperactivité) est un processus complexe qui nécessite une approche rigoureuse et multidimensionnelle. Il est essentiel de comprendre que le diagnostic du TDAH ne repose pas sur un seul test ou une simple observation, mais sur une évaluation approfondie de l'individu dans divers contextes de vie.

Chez les enfants

Chez les enfants, le processus de diagnostic commence souvent par des observations faites par les parents et les enseignants. Les parents peuvent remarquer que leur enfant a des difficultés à rester concentré, est constamment en mouvement, ou agit de manière impulsive. Les enseignants, qui voient les enfants dans un environnement structuré et en groupe, peuvent identifier des comportements qui se démarquent par rapport à ceux de leurs camarades.

Le processus de diagnostic implique plusieurs étapes :

1. Entretien clinique : Un professionnel de la santé mentale, tel qu'un psychologue ou un psychiatre, mène des entretiens détaillés avec les parents et l'enfant. Ces entretiens permettent de recueillir des informations sur le développement de l'enfant, son comportement à la maison et à l'école, et ses antécédents médicaux et familiaux.

2. Évaluation comportementale : Des questionnaires standardisés, comme le Conners' Rating Scales ou le Vanderbilt Assessment Scales, sont souvent utilisés pour évaluer les symptômes de TDAH. Ces questionnaires sont remplis par les parents, les enseignants et parfois l'enfant lui-même, offrant une perspective complète sur les comportements de l'enfant dans différents contextes.

3. Observation directe : Dans certains cas, le professionnel peut observer l'enfant en milieu scolaire ou lors d'activités structurées pour évaluer directement son comportement et son interaction avec les autres.

4. Exclusion d'autres causes : Il est crucial d'exclure d'autres conditions médicales ou psychologiques qui pourraient expliquer les symptômes de l'enfant, comme les troubles de l'apprentissage, l'anxiété, la dépression ou les troubles du spectre autistique.

Chez les adolescents

Le diagnostic chez les adolescents suit un processus similaire à celui des enfants, mais avec quelques nuances. À l'adolescence, les symptômes de TDAH peuvent se manifester différemment en raison des changements hormonaux, des pressions scolaires et sociales accrues, et de l'augmentation de l'autonomie.

1. Entretien clinique : Les entretiens avec les adolescents doivent aborder non seulement leur comportement et leurs performances scolaires, mais aussi leurs relations avec leurs pairs, leur gestion des responsabilités croissantes, et leur bien-être émotionnel.

2. Questionnaires et échelles de mesure : Des outils comme l'Adult ADHD Self-Report Scale (ASRS) peuvent être adaptés pour les adolescents afin de recueillir des informations sur leurs symptômes de manière plus directe.

3. Observation et rapport scolaire : Les retours des enseignants restent essentiels, mais les observations peuvent également inclure des activités extrascolaires et sociales où les comportements impulsifs ou inattentifs peuvent se manifester.

4. Exclusion d'autres causes : Les professionnels doivent rester vigilants quant aux troubles de l'humeur, aux troubles anxieux et à l'usage de substances, qui peuvent émerger ou se renforcer à l'adolescence.

Chez les adultes

Diagnostiquer le TDAH chez les adultes peut être particulièrement délicat, car les symptômes peuvent être plus subtils et souvent masqués par des mécanismes de compensation développés au fil des ans. De nombreux adultes consultent pour un diagnostic de TDAH après avoir reconnu des symptômes persistants qui affectent leur vie quotidienne ou après qu'un enfant ait été diagnostiqué.

1. Entretien clinique : Les entretiens approfondis doivent explorer les antécédents scolaires, professionnels et personnels de l'adulte, en se concentrant sur les difficultés récurrentes d'attention, de gestion du temps, et d'organisation.

2. Questionnaires et auto-évaluations : L'ASRS et d'autres outils adaptés pour les adultes aident à évaluer l'impact des symptômes sur différents aspects de la vie, y compris le travail, les relations et les responsabilités familiales.

3. Historique de développement : Comprendre le parcours de l'individu depuis l'enfance peut révéler des signes précoces de TDAH qui auraient été négligés ou mal interprétés à l'époque.

4. Exclusion d'autres causes : Les troubles de l'humeur, l'anxiété, et les troubles de la personnalité sont des comorbidités fréquentes chez les adultes atteints de TDAH, nécessitant une évaluation minutieuse pour distinguer les symptômes.

Importance d'une évaluation multidimensionnelle

L'évaluation du TDAH doit être multidimensionnelle pour capturer l'ensemble des aspects de la vie de l'individu affectés par le trouble. Une telle évaluation inclut :

1. Approche collaborative : Impliquer les parents, les enseignants, les professionnels de la santé et, lorsque c'est possible, l'individu lui-même. Cette approche permet de recueillir des informations de différentes sources et de différentes perspectives.

2. Historique complet : Examiner les antécédents médicaux, familiaux, scolaires et professionnels pour identifier des schémas de comportement et des facteurs de risque. Cela aide à comprendre le développement des symptômes au fil du temps.

3. Évaluation contextuelle : Prendre en compte les différents contextes dans lesquels les symptômes se manifestent, tels que la maison, l'école, le travail et les interactions sociales. Les comportements peuvent varier en fonction de l'environnement et des exigences spécifiques de chaque contexte.

4. Utilisation d'outils standardisés : Les questionnaires et échelles de mesure standardisés sont essentiels pour évaluer les symptômes de manière objective et comparer les résultats à des normes établies.

5. Évaluation des comorbidités : Identifier et évaluer les troubles comorbides est crucial pour une prise en charge complète. Les troubles de l'humeur, l'anxiété, les troubles de l'apprentissage et d'autres conditions peuvent interagir avec le TDAH et influencer son traitement.

Outils et tests utilisés pour le diagnostic

Les outils et tests utilisés pour le diagnostic du TDAH sont variés et visent à fournir une image complète des symptômes et de leur impact sur la vie quotidienne.

1. Entrevues cliniques structurées : Les entretiens cliniques, comme le Diagnostic Interview for ADHD in Adults (DIVA) ou le Kiddie-Schedule for Affective Disorders and Schizophrenia (K-SADS), sont utilisés pour recueillir des informations détaillées sur les symptômes et leur évolution.

2. Questionnaires et échelles d'évaluation :
   - Conners' Rating Scales : Utilisé pour évaluer les comportements d'inattention, d'hyperactivité et d'impulsivité chez les enfants à partir des observations des parents et des enseignants.
   - Vanderbilt Assessment Scales : Un autre outil fréquemment utilisé pour les enfants, évaluant les symptômes de TDAH ainsi que les troubles comorbides comme l'anxiété et les troubles de l'humeur.
   - Adult ADHD Self-Report Scale (ASRS) : Utilisé pour les adultes afin d'auto-évaluer leurs symptômes et leur impact sur la vie quotidienne.

3. Tests neuropsychologiques : Ces tests peuvent évaluer les fonctions exécutives, la mémoire de travail, l'attention soutenue et d'autres capacités cognitives. Par exemple, le Continuous Performance Test (CPT) est utilisé pour mesurer la vigilance et la capacité à maintenir l'attention.

4. Observations comportementales : L'observation directe en milieu scolaire, à la maison ou lors d'activités structurées peut fournir des informations précieuses sur les comportements de l'individu dans des contextes naturels.

5. Évaluations de comorbidité : Utiliser des outils spécifiques pour évaluer les troubles comorbides, comme les échelles d'anxiété et de dépression, les évaluations des troubles de l'apprentissage et les questionnaires sur les comportements opposants ou antisociaux.

Le diagnostic et l'évaluation du TDAH sont des étapes cruciales pour une prise en charge efficace. En comprenant les nuances du diagnostic chez différents groupes d'âge, en adoptant une approche multidimensionnelle et en utilisant des outils appropriés, nous pouvons offrir un soutien personnalisé et ciblé aux individus atteints de TDAH, leur permettant de mieux comprendre leur condition et de développer des stratégies pour vivre pleinement et sereinement.

Difficultés académiques et professionnelles

Le TDAH a un impact profond et multidimensionnel sur la vie quotidienne des individus, que ce soit à l'école, au travail, dans les relations interpersonnelles ou dans la gestion des émotions. Comprendre ces impacts est essentiel pour développer des stratégies d'adaptation efficaces et améliorer la qualité de vie.

Difficultés académiques

Les enfants et adolescents atteints de TDAH rencontrent souvent des difficultés académiques significatives. Le TDAH affecte leur capacité à maintenir l'attention, à suivre les instructions, à organiser leur travail et à terminer les tâches dans les délais impartis.

1. Attention et concentration : Les élèves atteints de TDAH peuvent avoir du mal à rester concentrés pendant de longues périodes, à écouter les instructions des enseignants et à se concentrer sur des tâches répétitives ou monotones. Ils peuvent être facilement distraits par des stimuli externes ou internes, ce qui rend difficile l'acquisition de nouvelles informations et la participation active en classe.

2. Organisation et gestion du temps : Le TDAH affecte les fonctions exécutives, qui sont essentielles pour l'organisation et la gestion du temps. Les élèves peuvent avoir du mal à planifier leurs devoirs, à organiser leur matériel scolaire et à respecter les échéances. Ils peuvent également rencontrer des difficultés à hiérarchiser les tâches, ce qui peut entraîner un retard dans la réalisation des projets et des devoirs.

3. Impulsivité et régulation des comportements : Les comportements impulsifs peuvent entraîner des interruptions fréquentes en classe, des difficultés à attendre leur tour et des réactions rapides sans réflexion préalable. Ces comportements peuvent perturber l'apprentissage et entraîner des conflits avec les enseignants et les camarades de classe.

Difficultés professionnelles

Les adultes atteints de TDAH peuvent également rencontrer des défis importants dans le milieu professionnel. Les symptômes de TDAH, s'ils ne sont pas gérés efficacement, peuvent affecter la performance au travail, les relations avec les collègues et la progression de carrière.

1. Productivité et efficacité : Les adultes atteints de TDAH peuvent avoir du mal à rester concentrés sur des tâches longues ou complexes, à terminer des projets dans les délais et à respecter les priorités. Ils peuvent également rencontrer des difficultés à gérer les distractions, à se concentrer dans des environnements de travail bruyants ou à passer d'une tâche à l'autre de manière efficace.

2. Organisation et gestion du temps : Les problèmes d'organisation et de gestion du temps peuvent se manifester par une désorganisation de l'espace de travail, des oublis fréquents de rendez-vous ou de délais, et une tendance à procrastiner. Cela peut entraîner une surcharge de travail et un stress accru.

3. Relations professionnelles : L'impulsivité et les difficultés à réguler les émotions peuvent affecter les interactions avec les collègues et les supérieurs hiérarchiques. Les personnes atteintes de TDAH peuvent avoir du mal à gérer les conflits, à travailler en équipe et à communiquer de manière efficace, ce qui peut nuire à leur progression professionnelle.

Relations interpersonnelles et familiales

Le TDAH a également un impact significatif sur les relations interpersonnelles et familiales. Les symptômes de TDAH peuvent affecter la qualité des interactions sociales, la dynamique familiale et la gestion des relations avec les amis et les partenaires.

Relations interpersonnelles

1. Difficultés à nouer des amitiés : Les enfants et adolescents atteints de TDAH peuvent avoir du mal à nouer et à maintenir des amitiés. Leur impulsivité, leur manque d'attention et leurs comportements parfois imprévisibles peuvent les rendre moins populaires parmi leurs pairs. Ils peuvent également rencontrer des difficultés à comprendre les signaux sociaux et à respecter les règles non écrites des interactions sociales.

2. Conflits avec les pairs : Les comportements impulsifs et hyperactifs peuvent entraîner des conflits fréquents avec les camarades de classe, les amis et les collègues. Les personnes atteintes de TDAH peuvent être perçues comme agressives, intrusives ou non coopératives, ce qui peut conduire à des disputes et à une exclusion sociale.

3. Difficultés dans les relations amoureuses : Les adultes atteints de TDAH peuvent rencontrer des défis dans leurs relations amoureuses. L'impulsivité, les problèmes de gestion du temps et les difficultés à réguler les émotions peuvent entraîner des malentendus, des disputes et des tensions dans les relations de couple.

Relations familiales

1. Dynamique parent-enfant : Le TDAH peut affecter la dynamique parent-enfant de plusieurs façons. Les parents peuvent se sentir frustrés, épuisés ou dépassés par les comportements de leur enfant atteints de TDAH. Les conflits fréquents, les difficultés à suivre les règles familiales et les problèmes de communication peuvent créer un climat familial tendu.

2. Impact sur les frères et sœurs : Les frères et sœurs d'un enfant atteint de TDAH peuvent également ressentir l'impact du trouble. Ils peuvent se sentir négligés en raison de l'attention accrue portée à l'enfant atteint de TDAH, ou éprouver des sentiments de jalousie, de frustration ou de ressentiment. Les parents doivent donc trouver un équilibre pour répondre aux besoins de chaque enfant et maintenir une harmonie familiale.

3. Rôle des parents : Les parents jouent un rôle crucial dans la gestion du TDAH. Ils doivent apprendre à comprendre les symptômes de leur enfant, à mettre en place des stratégies de gestion comportementale, et à soutenir leur enfant dans les défis académiques et sociaux. Un soutien parental cohérent et positif peut grandement améliorer les résultats pour les enfants atteints de TDAH.

Estime de soi et troubles émotionnels associés

Le TDAH a un impact profond sur l'estime de soi et peut être associé à divers troubles émotionnels. Les difficultés académiques, professionnelles et relationnelles peuvent conduire à des sentiments d'échec, de frustration et de faible estime de soi.

Estime de soi

1. Perception de soi négative : Les personnes atteintes de TDAH peuvent développer une perception de soi négative en raison des échecs répétés, des critiques et des rejets sociaux. Les enfants et adolescents peuvent se sentir moins compétents que leurs pairs, ce qui peut affecter leur confiance en eux et leur motivation à essayer de nouvelles activités.

2. Impact des comparaisons sociales : Les comparaisons avec les camarades ou les collègues peuvent exacerber les sentiments de faible estime de soi. Les réussites des autres peuvent sembler inaccessibles, renforçant le sentiment d'être "différent" ou "moins capable".

3. Résilience et soutien : Un soutien adéquat de la part des parents, des enseignants et des professionnels de la santé mentale peut aider à renforcer l'estime de soi. Encourager les réussites, même petites, et reconnaître les efforts fournis sont essentiels pour développer une image de soi positive.

Troubles émotionnels associés

1. Dépression : Les personnes atteintes de TDAH sont plus susceptibles de souffrir de dépression. Les sentiments de désespoir, de tristesse et de manque de motivation peuvent être exacerbés par les difficultés à gérer les symptômes du TDAH. La dépression peut également aggraver les symptômes de TDAH, créant un cercle vicieux difficile à briser.

2. Anxiété : L'anxiété est une comorbidité fréquente chez les personnes atteintes de TDAH. Les préoccupations constantes, les crises de panique et les comportements d'évitement peuvent rendre la gestion du TDAH encore plus complexe. L'anxiété peut être liée aux défis académiques, professionnels et sociaux, ainsi qu'à la peur de l'échec ou du rejet.

3. Troubles de l'humeur : Les troubles de l'humeur, tels que le trouble bipolaire, peuvent également coexister avec le TDAH. Les fluctuations de l'humeur, les périodes de manie et de dépression peuvent compliquer le diagnostic et le traitement du TDAH. Une approche intégrée et coordonnée est essentielle pour gérer ces troubles de manière efficace.

Gestion des émotions

1. Régulation émotionnelle : La régulation des émotions est souvent un défi majeur pour les personnes atteintes de TDAH. Les réactions émotionnelles intenses, l'impulsivité émotionnelle et la difficulté à gérer les frustrations peuvent affecter les relations et le bien-être général. Apprendre des techniques de régulation émotionnelle, comme la pleine conscience et les techniques de relaxation, peut être bénéfique.

2. Stratégies de coping : Développer des stratégies de coping efficaces est crucial pour gérer les impacts émotionnels du TDAH. Cela peut inclure des techniques de gestion du stress, des compétences en résolution de problèmes et des approches cognitivo-comportementales pour changer les schémas de pensée négatifs.

3. Soutien psychologique : Le soutien d'un professionnel de la santé mentale, comme un psychologue ou un thérapeute, peut aider les individus atteints de TDAH à comprendre et à gérer leurs émotions. La thérapie cognitivo-comportementale (TCC) est particulièrement efficace pour traiter les troubles émotionnels associés au TDAH.

En conclusion, le TDAH a un impact profond et varié sur la vie quotidienne des individus. Les difficultés académiques et professionnelles, les défis relationnels, et les impacts sur l'estime de soi et les émotions nécessitent une approche compréhensive et multidimensionnelle pour une gestion efficace. Comprendre ces impacts permet de mieux soutenir les personnes atteintes de TDAH et de leur offrir les outils et les stratégies nécessaires pour mener une vie épanouissante et équilibrée.

Options thérapeutiques : médicaments, thérapies comportementales et cognitives

La prise en charge du TDAH repose sur une approche multimodale qui combine différents types de traitements pour répondre aux besoins spécifiques de chaque individu. Comprendre ces options permet de choisir les interventions les plus adaptées et de maximiser les bénéfices pour les personnes atteintes de TDAH.

Médicaments

Les médicaments sont souvent une composante clé du traitement du TDAH, particulièrement pour les cas modérés à sévères. Ils agissent principalement sur les neurotransmetteurs du cerveau pour améliorer l'attention, la concentration et réduire l'impulsivité et l'hyperactivité.

1. Stimulants : Les stimulants, tels que le méthylphénidate (Ritaline, Concerta) et les amphétamines (Adderall, Vyvanse), sont les médicaments les plus couramment prescrits pour le TDAH. Ils augmentent la disponibilité de la dopamine et de la noradrénaline dans le cerveau, ce qui aide à améliorer l'attention et à réduire l'hyperactivité et l'impulsivité. Ces médicaments sont généralement efficaces rapidement, souvent dès le premier jour de traitement.

2. Non-stimulants : Les non-stimulants, comme l'atomoxétine (Strattera) et la guanfacine (Intuniv), sont une alternative pour les personnes qui ne répondent pas bien aux stimulants ou qui éprouvent des effets secondaires indésirables. L'atomoxétine agit en augmentant les niveaux de noradrénaline, tandis que la guanfacine cible les récepteurs adrénergiques pour aider à réguler l'attention et le comportement.

3. Antidépresseurs : Certains antidépresseurs, tels que les inhibiteurs sélectifs de la recapture de la noradrénaline (ISRN) et les antidépresseurs tricycliques, peuvent également être utilisés pour traiter le TDAH, surtout lorsqu'il est associé à des troubles de l'humeur ou de l'anxiété.

La décision d'utiliser des médicaments doit être prise en collaboration avec un professionnel de la santé, en tenant compte des bénéfices potentiels et des effets secondaires. Une surveillance régulière est nécessaire pour ajuster les doses et évaluer l'efficacité et la tolérance du traitement.

Thérapies comportementales et cognitives

Les thérapies comportementales et cognitives jouent un rôle crucial dans la gestion du TDAH, en complément ou en alternative aux médicaments. Elles visent à modifier les comportements problématiques, à développer des compétences de gestion et à améliorer les fonctions exécutives.

1. Thérapie cognitivo-comportementale (TCC) : La TCC aide les individus à identifier et à changer les pensées et comportements négatifs qui contribuent aux difficultés liées au TDAH. Elle peut inclure des techniques pour améliorer la planification, l'organisation, la gestion du temps et la résolution de problèmes. La TCC est particulièrement efficace pour les adultes atteints de TDAH et peut être adaptée pour les adolescents et les enfants.

2. Entraînement aux habiletés sociales : Les personnes atteintes de TDAH peuvent bénéficier d'un entraînement aux habiletés sociales pour améliorer leurs interactions avec les autres. Cela peut inclure des techniques de communication, des stratégies pour résoudre les conflits et des compétences pour établir et maintenir des amitiés.

3. Interventions comportementales : Les interventions comportementales, souvent utilisées chez les enfants, visent à renforcer les comportements positifs et à réduire les comportements problématiques. Cela peut inclure des systèmes de récompense, des techniques de gestion des contingences et des stratégies de discipline positive.

4. Psychoéducation : La psychoéducation est essentielle pour aider les individus atteints de TDAH et leurs familles à comprendre le trouble, ses symptômes et ses impacts. Elle fournit des informations sur les stratégies de gestion et les ressources disponibles, et favorise une meilleure compréhension et acceptation du TDAH.

Stratégies éducatives et aménagements scolaires

Les environnements scolaires jouent un rôle crucial dans la vie des enfants et adolescents atteints de TDAH. Des stratégies éducatives adaptées et des aménagements scolaires peuvent grandement améliorer leur expérience d'apprentissage et leur réussite académique.

Stratégies éducative

1. Enseignement différencié : Adapter les méthodes d'enseignement aux besoins individuels des élèves atteints de TDAH peut améliorer leur engagement et leur compréhension. Cela peut inclure l'utilisation de supports visuels, de méthodes d'apprentissage actives et d'une instruction personnalisée.

2. Techniques de gestion de la classe : Les enseignants peuvent utiliser des techniques spécifiques pour gérer les comportements et maintenir l'attention des élèves atteints de TDAH. Cela peut inclure des consignes claires et concises, des rappels fréquents, et l'utilisation de signaux non verbaux pour guider les élèves.

3. Enseignement des compétences d'autogestion : Apprendre aux élèves des compétences d'autogestion, comme la prise de notes, l'organisation TCC des devoirs et la planification des tâches, peut les aider à devenir plus indépendants et responsables de leur apprentissage.

Aménagements scolaires

1. Plans d'éducation individualisés (PEI) : Un PEI est un document officiel qui détaille les besoins éducatifs spécifiques de l'élève et les aménagements nécessaires pour soutenir son

apprentissage. Cela peut inclure du temps supplémentaire pour les tests, des pauses régulières, l'utilisation d'outils technologiques et des modifications des tâches.

2. Environnements d'apprentissage flexibles : Créer des environnements d'apprentissage flexibles et moins distrayants peut aider les élèves atteints de TDAH à se concentrer. Cela peut inclure des sièges adaptés, des zones de travail calmes et des espaces pour les pauses sensorielles.

3. Soutien pédagogique spécialisé : Les élèves atteints de TDAH peuvent bénéficier de l'aide de spécialistes, comme des orthopédagogues, des psychologues scolaires et des conseillers, qui peuvent fournir un soutien supplémentaire et des stratégies d'apprentissage adaptées.

Importance du soutien familial et des réseaux de soutien

Le soutien familial et les réseaux de soutien jouent un rôle crucial dans la gestion du TDAH. Ils fournissent un cadre de compréhension, de patience et d'encouragement, et peuvent aider à réduire le stress et à améliorer les résultats pour les personnes atteintes de TDAH.

Soutien familial

1. Éducation et sensibilisation : Il est essentiel que les familles soient bien informées sur le TDAH, ses symptômes et ses impacts. La psychoéducation peut aider les parents à comprendre le comportement de leur enfant, à développer des stratégies de gestion efficaces et à fournir un environnement familial positif et structuré.

2. Communication ouverte et soutien émotionnel : Maintenir une communication ouverte et honnête au sein de la famille est crucial. Les parents doivent écouter et valider les sentiments et les expériences de leur enfant, offrir un soutien émotionnel constant et encourager une communication positive.

3. Routines et structure : Établir des routines et une structure claire à la maison peut aider les enfants atteints de TDAH à se sentir plus en sécurité et à mieux gérer leurs tâches quotidiennes. Des routines prévisibles pour les devoirs, les repas et le coucher peuvent réduire le stress et améliorer le comportement.

Réseaux de soutien

1. Groupes de soutien : Les groupes de soutien pour les parents et les personnes atteintes de TDAH offrent un espace pour partager des expériences, des conseils et des ressources. Ils peuvent fournir un sentiment de communauté et de compréhension, et aider à réduire le sentiment d'isolement.

2. Professionnels de la santé mentale : Travailler avec des professionnels de la santé mentale, comme des psychologues, des psychiatres et des conseillers, peut fournir un soutien supplémentaire pour gérer le TDAH. Ils peuvent offrir des thérapies, des conseils et des ressources pour aider à naviguer dans les défis liés au TDAH.

3. Ressources communautaires et en ligne : De nombreuses ressources communautaires et en ligne sont disponibles pour soutenir les familles et les personnes atteintes de TDAH. Cela peut inclure des ateliers, des webinaires, des livres et des sites web dédiés au TDAH, offrant des informations, des stratégies et des soutiens pratiques.

En conclusion, la gestion du TDAH nécessite une approche intégrée qui combine des options thérapeutiques, des stratégies éducatives adaptées et un soutien familial et communautaire solide. En comprenant et en mettant en œuvre ces approches, nous pouvons aider les individus atteints de TDAH à atteindre leur plein potentiel et à mener une vie épanouissante et équilibrée. La clé réside dans une compréhension profonde, une communication ouverte et un soutien constant pour naviguer les défis et célébrer les succès.

Techniques d'organisation et de planification

Pour les personnes atteintes de TDAH, l'organisation et la planification peuvent représenter des défis importants. Cependant, avec des stratégies adaptées, il est possible de créer des systèmes qui aident à mieux gérer les tâches quotidiennes et à réduire le stress. Voici quelques techniques éprouvées pour améliorer l'organisation et la planification.

Utilisation de supports visuels

Les supports visuels, tels que les calendriers, les listes de tâches et les tableaux de planification, peuvent être des outils précieux pour structurer la journée et les activités à venir.

1. Calendriers : Un calendrier mural ou numérique peut aider à visualiser les rendez-vous, les échéances et les événements importants. Il est bénéfique de coder les différentes catégories d'activités par couleur (par exemple, rouge pour les rendez-vous médicaux, bleu pour les devoirs, vert pour les loisirs) pour une vue d'ensemble claire et immédiate.

2. Listes de tâches : Les listes de tâches quotidiennes ou hebdomadaires permettent de décomposer les objectifs en étapes gérables. Priorisez les tâches en utilisant des numéros ou des symboles pour indiquer l'urgence et l'importance. Les applications de listes de tâches peuvent également envoyer des rappels pour les échéances imminentes.

3. Tableaux de planification : Un tableau de planification hebdomadaire, placé dans un endroit visible, peut servir de point de référence pour toute la famille. Il peut inclure les horaires de l'école, du travail, des activités extrascolaires et des tâches ménagères.

Structurer les espaces de travail et de vie

Un environnement bien organisé peut aider à réduire les distractions et à augmenter la productivité.

1. Zones dédiées : Créez des zones spécifiques pour différentes activités (par exemple, une zone pour les devoirs, une autre pour les loisirs). Assurez-vous que chaque zone est équipée des outils nécessaires pour la tâche spécifique.

2. Déclutter régulièrement : Désencombrez régulièrement les espaces de vie et de travail pour éviter l'accumulation de distractions visuelles. Utilisez des bacs, des boîtes et des étagères pour ranger les objets et étiquetez-les pour une identification facile.

3. Outils de rangement : Investissez dans des outils de rangement fonctionnels comme des classeurs, des organisateurs de bureau et des tiroirs pour les petits objets. Un espace bien rangé facilite la concentration et réduit le temps passé à chercher des objets égarés.

Gestion du temps et des tâches

La gestion du temps et des tâches est essentielle pour maintenir un équilibre et éviter la procrastination, qui est courante chez les personnes atteintes de TDAH. Voici des stratégies pour une gestion efficace du temps.

Établir des routines

Les routines apportent une structure prévisible à la journée, ce qui est particulièrement bénéfique pour les personnes atteintes de TDAH.

1. Matinée et soirée structurées : Établissez des routines matinales et nocturnes pour commencer et terminer la journée de manière organisée. Cela peut inclure des activités comme la préparation des vêtements pour le lendemain, la planification des repas et la révision des tâches de la journée.

2. Rituel de planification quotidienne : Prenez quelques minutes chaque matin pour revoir et ajuster le plan de la journée. Identifiez les tâches prioritaires et ajustez les horaires si nécessaire.

Techniques de gestion du temps

1. La technique Pomodoro : Cette méthode consiste à travailler pendant 25 minutes, suivies de 5 minutes de pause. Après quatre sessions de travail, prenez une pause plus longue de 15-30 minutes. Cette technique aide à maintenir la concentration et à éviter l'épuisement.

2. Blocage du temps : Divisez votre journée en blocs de temps dédiés à des tâches spécifiques. Par exemple, réservez une heure le matin pour les courriels, deux heures pour un projet important et une demi-heure pour les réunions. Respectez ces blocs de temps autant que possible pour améliorer la productivité.

3. Utilisation de rappels et d'alarmes : Les rappels et les alarmes sur les téléphones ou les ordinateurs peuvent être utilisés pour signaler les débuts et fins de tâches ou de blocs de temps. Ils servent également à ne pas oublier les rendez-vous importants.

Décomposer les tâches

Les grandes tâches peuvent être intimidantes et provoquer de la procrastination. Décomposez les tâches complexes en sous-tâches plus petites et plus gérables.

1. Étapes intermédiaires : Définissez des étapes intermédiaires pour les projets longs. Par exemple, pour un rapport, les étapes peuvent inclure la recherche, la rédaction d'un plan, la rédaction de chaque section et la révision finale.

2. Récompenses pour les accomplissements : Offrez-vous des petites récompenses après avoir accompli chaque étape ou sous-tâche. Cela peut motiver et rendre les tâches moins lourdes.

Rôle crucial de l'autosoin et de la gestion du stress

L'autosoin et la gestion du stress sont essentiels pour les personnes atteintes de TDAH. Une bonne hygiène de vie et des techniques de gestion du stress peuvent améliorer significativement la qualité de vie et la capacité à gérer les symptômes du TDAH.

Hygiène de vie

1. Sommeil : Assurez-vous de maintenir une routine de sommeil régulière. Un bon sommeil est crucial pour la régulation de l'humeur, l'attention et la gestion du stress. Évitez les écrans avant de dormir et créez un environnement propice au sommeil (sombre, calme, et à une température agréable).

2. Alimentation équilibrée : Une alimentation équilibrée et nutritive peut avoir un impact positif sur les symptômes du TDAH. Consommez des repas réguliers, riches en protéines, en fruits, en légumes et en grains entiers. Évitez les excès de sucre et de caféine, qui peuvent aggraver l'hyperactivité et l'anxiété.

3. Exercice physique : L'exercice régulier est bénéfique pour la gestion du TDAH. Il aide à réduire le stress, à améliorer l'humeur et à augmenter la concentration. Intégrez des activités physiques dans votre routine quotidienne, que ce soit une promenade, du jogging, du yoga ou des sports collectifs.

Techniques de gestion du stress

1. Pleine conscience et méditation : La pratique de la pleine conscience et de la méditation peut aider à améliorer la concentration, à réduire le stress et à gérer les émotions. Prenez quelques minutes chaque jour pour pratiquer des exercices de respiration, de méditation ou de pleine conscience.

2. Techniques de relaxation : Apprenez et pratiquez des techniques de relaxation comme la relaxation progressive des muscles, la respiration profonde et les visualisations guidées. Ces techniques peuvent être utilisées pour calmer l'esprit et le corps dans les moments de stress.

3. Temps de pause et loisirs : Accordez-vous du temps pour des activités que vous aimez et qui vous détendent. Que ce soit la lecture, l'art, la musique, ou passer du temps avec des amis et la famille, ces moments sont essentiels pour recharger les batteries et maintenir un équilibre émotionnel.

Soutien émotionnel et réseau social

1. Groupes de soutien : Rejoignez des groupes de soutien pour partager vos expériences et apprendre des autres. Les échanges avec des personnes qui comprennent vos défis peuvent être extrêmement réconfortants et inspirants.

2. Thérapie et counseling : Consulter un thérapeute ou un conseiller peut vous aider à développer des stratégies de gestion du stress et à améliorer votre bien-être émotionnel. La thérapie peut également fournir un espace sûr pour exprimer vos sentiments et travailler sur les problèmes personnels.

3. Maintenir des relations positives : Cultivez et entretenez des relations positives avec votre famille, vos amis et vos collègues. Le soutien social est un facteur clé pour surmonter les défis du TDAH et pour maintenir une bonne santé mentale.

En conclusion, la gestion quotidienne du TDAH nécessite une combinaison de techniques d'organisation, de stratégies de gestion du temps et de tâches, ainsi que de soins personnels et de gestion du stress. En adoptant ces pratiques, les personnes atteintes de TDAH peuvent améliorer leur qualité de vie, réduire le stress et atteindre un meilleur équilibre. L'engagement constant et le soutien des proches sont également essentiels pour surmonter les défis et célébrer les réussites.

Introduction

Le TDAH se manifeste différemment au fil des étapes de la vie, chaque âge apportant son lot de défis et d'opportunités uniques. Comprendre comment le TDAH évolue et s'adapte à chaque période permet de mieux soutenir les individus à chaque phase de leur développement. Ce chapitre explore le TDAH chez les enfants, les adolescents et les adultes, offrant des conseils pratiques pour chaque étape de la vie.

TDAH chez l'enfant : conseils aux parents et aux enseignants

Comprendre les besoins des enfants avec TDAH

Les enfants atteints de TDAH peuvent présenter des difficultés dans plusieurs domaines, notamment l'attention, l'hyperactivité et l'impulsivité. Les parents et les enseignants jouent un rôle crucial dans l'accompagnement de ces enfants, en leur fournissant un environnement structuré et bienveillant.

Créer un environnement structuré et prévisible

1. Routines quotidiennes : Les routines apportent une structure rassurante pour les enfants atteints de TDAH. Établissez des horaires réguliers pour les repas, les devoirs, les jeux et le coucher. Une routine prévisible aide à réduire l'anxiété et à améliorer la gestion du temps.

2. Espaces organisés : Maintenez des espaces de vie et de travail bien organisés. Un environnement clair et bien rangé aide les enfants à se concentrer et à réduire les distractions. Utilisez des étiquettes et des couleurs pour identifier les objets et les zones spécifiques.

Utiliser des techniques d'enseignement adaptées

1. Instructions claires et concises : Les enfants atteints de TDAH peuvent avoir du mal à suivre des instructions longues et complexes. Utilisez des consignes courtes et directes, et vérifiez leur compréhension en leur demandant de répéter ce qui a été dit.

2. Apprentissage multisensoriel : Intégrez des activités qui engagent plusieurs sens pour aider à maintenir l'attention et à faciliter l'apprentissage. Par exemple, utilisez des supports visuels, des activités pratiques et des jeux éducatifs.

Renforcement positif et gestion des comportements

1. Renforcement positif : Encouragez et récompensez les comportements positifs. Les systèmes de récompense, comme les tableaux de points ou les autocollants, peuvent motiver les enfants à adopter des comportements appropriés.

2. Stratégies de gestion des comportements : Établissez des règles claires et des conséquences cohérentes pour les comportements inappropriés. Utilisez des techniques de gestion des comportements comme le temps de pause pour aider à calmer les situations de crise.

Adolescents et TDAH : transition vers l'indépendance

Défis de l'adolescence avec le TDAH

L'adolescence est une période de transition où les jeunes commencent à rechercher plus d'indépendance et à prendre des responsabilités accrues. Les adolescents atteints de TDAH peuvent rencontrer des défis supplémentaires, notamment dans la gestion du temps, l'organisation des études et la navigation des relations sociales.

Soutenir l'autonomie et la responsabilité

1. Enseignement des compétences d'autogestion : Aidez les adolescents à développer des compétences d'autogestion, comme l'utilisation d'agendas, la planification des tâches et l'organisation des devoirs. Encouragez-les à établir des objectifs à court et long terme.

2. Responsabilités progressives : Donnez progressivement plus de responsabilités aux adolescents pour les aider à développer leur indépendance. Commencez par des tâches simples et augmentez la complexité à mesure qu'ils gagnent en confiance et en compétences.

Soutien scolaire et aménagements

1. Aménagements scolaires : Les adolescents peuvent bénéficier de plans d'éducation individualisés (PEI) ou de plans 504 pour adapter les exigences scolaires à leurs besoins. Cela peut inclure du temps supplémentaire pour les tests, l'utilisation de technologies d'assistance et des modifications des devoirs.

2. Soutien académique : Les tuteurs, les conseillers scolaires et les programmes de soutien peuvent aider les adolescents à gérer leurs études. Les techniques d'apprentissage actives et les groupes d'étude peuvent également être bénéfiques.

Soutien émotionnel et social

1. Thérapie et conseil : La thérapie cognitivo-comportementale (TCC) peut aider les adolescents à gérer les symptômes du TDAH et à développer des compétences sociales et émotionnelles. Les conseillers peuvent également fournir un espace sûr pour discuter des défis personnels et des stratégies de gestion.

2. Groupes de soutien : Les groupes de soutien pour adolescents atteints de TDAH offrent un environnement où ils peuvent partager leurs expériences et apprendre des autres. Cela peut aider à renforcer le sentiment d'appartenance et à réduire le sentiment d'isolement.

TDAH à l'âge adulte : carrière, relations et équilibre de vie

Défis et opportunités à l'âge adulte

À l'âge adulte, le TDAH peut continuer à affecter divers aspects de la vie quotidienne, notamment la carrière, les relations et l'équilibre entre vie personnelle et professionnelle. Cependant, avec des stratégies adaptées, les adultes atteints de TDAH peuvent mener une vie épanouissante et équilibrée.

Carrière et gestion du travail

1. Choix de carrière adaptés : Les adultes atteints de TDAH peuvent exceller dans des carrières qui tirent parti de leurs points forts, comme la créativité, l'énergie et la capacité à résoudre des problèmes. Recherchez des environnements de travail flexibles qui permettent une variété de tâches et des opportunités de mouvement.

2. Stratégies de gestion du travail : Utilisez des techniques de gestion du temps, comme la technique Pomodoro et le blocage du temps, pour structurer la journée de travail. Des outils de gestion de projet, comme Trello ou Asana, peuvent aider à organiser les tâches et à suivre les progrès.

3. Communication avec les employeurs : Il peut être utile de discuter de vos besoins spécifiques avec votre employeur. Cela peut inclure des aménagements raisonnables, comme des horaires flexibles, des pauses régulières et un environnement de travail moins distrayant.

Relations et vie sociale

1. Communication claire : La communication claire et ouverte est essentielle pour maintenir des relations saines. Prenez le temps de discuter de vos besoins et de vos défis avec vos proches, et travaillez ensemble pour trouver des solutions adaptées.

2. Gestion des conflits : Les techniques de résolution de conflits, comme l'écoute active et la négociation, peuvent aider à résoudre les désaccords de manière constructive. La thérapie de couple ou familiale peut également être bénéfique pour améliorer la communication et renforcer les relations.

Équilibre de vie et bien-être

1. Autosoin : L'autosoin est crucial pour maintenir un équilibre entre les exigences professionnelles, personnelles et sociales. Intégrez des activités de relaxation et de loisirs dans votre routine quotidienne pour réduire le stress et recharger les batteries.

2. Gestion du stress : Utilisez des techniques de gestion du stress, comme la méditation, la respiration profonde et l'exercice régulier, pour maintenir une bonne santé mentale et

émotionnelle. La thérapie peut également offrir des stratégies supplémentaires pour gérer le stress et les émotions.

Soutien communautaire et ressources

1. Groupes de soutien pour adulte : Rejoignez des groupes de soutien pour adultes atteints de TDAH pour partager des expériences, des conseils et des ressources. Ces groupes peuvent fournir un sentiment de communauté et d'encouragement.

2. Ressources en ligne et locales : Utilisez des ressources en ligne, comme des forums, des webinaires et des blogs, pour trouver des informations et des stratégies de gestion. Les ressources locales, comme les ateliers et les conférences, peuvent également offrir des opportunités d'apprentissage et de réseautage.

En conclusion, vivre avec le TDAH à différents âges nécessite une compréhension et une adaptation constantes aux défis uniques de chaque phase de la vie. En utilisant des stratégies adaptées et en recherchant un soutien approprié, les enfants, les adolescents et les adultes atteints de TDAH peuvent surmonter les obstacles et atteindre leur plein potentiel. Le soutien des proches, des enseignants, des collègues et des professionnels est crucial pour aider les personnes atteintes de TDAH à mener une vie épanouissante et équilibrée.

Chapitre 8 : Perspectives et avancées dans la recherche

Introduction

Ce chapitre explore les avancées récentes dans le domaine du TDAH, tant sur le plan thérapeutique que scientifique. Nous examinons comment ces découvertes peuvent potentiellement transformer la prise en charge du TDAH et améliorer la qualité de vie des personnes concernées.

Nouvelles approches thérapeutiques et médicales

Évolution des traitements pharmacologiques

Les traitements pharmacologiques restent une pierre angulaire dans la gestion du TDAH. De nouveaux médicaments, comme les formulations à action prolongée, offrent des options de traitement plus flexibles et mieux adaptées aux besoins individuels. Ces médicaments visent à réduire les symptômes d'inattention, d'hyperactivité et d'impulsivité, tout en minimisant les effets secondaires.

Thérapies comportementales et cognitives

Les thérapies comportementales et cognitives continuent de jouer un rôle crucial dans la prise en charge du TDAH, en particulier chez les enfants et les adolescents. Des approches telles que la thérapie cognitive-comportementale (TCC) aident à développer des compétences d'adaptation, à améliorer la gestion du stress et à renforcer les stratégies d'organisation. Ces thérapies sont souvent complémentaires aux traitements médicamenteux et peuvent offrir des bénéfices durables.

Approches alternatives et complémentaires

Certaines approches alternatives et complémentaires, comme la neurofeedback et la méditation pleine conscience, gagnent en popularité pour leur capacité à aider à réguler l'attention et à réduire l'impulsivité. Bien que davantage de recherches soient nécessaires pour valider leur efficacité spécifique dans le contexte du TDAH, ces méthodes offrent des options non médicamenteuses prometteuses.

Impact des découvertes neuroscientifiques sur la compréhension du TDAH

Avancées dans la neuroimagerie et la génétique

Les progrès dans les technologies de neuroimagerie, telles que l'IRM fonctionnelle, permettent une meilleure compréhension des différences neuroanatomiques et neurofonctionnelles associées au TDAH. Ces études révèlent des altérations dans les circuits cérébraux impliqués dans l'attention, l'inhibition et la régulation émotionnelle, fournissant ainsi des indices précieux pour le développement de nouvelles stratégies thérapeutiques.

Implications des études génétiques

Les études génétiques ont identifié plusieurs variants génétiques associées au TDAH, soulignant l'importance des facteurs génétiques dans la prédisposition à cette condition. Comprendre ces bases génétiques peut ouvrir la voie à des traitements personnalisés et à des interventions préventives basées sur le profil génétique individuel.

Progrès vers une meilleure sensibilisation et acceptation sociale

Éducation et sensibilisation du public

La sensibilisation accrue au TDAH contribue à réduire les stigmates et à promouvoir une meilleure compréhension de cette condition neurodéveloppementale. Des campagnes éducatives visent à informer le grand public, y compris les parents, les enseignants et les employeurs, sur les réalités du TDAH et les meilleures pratiques pour soutenir les personnes concernées.

Intégration dans les milieux éducatifs et professionnels

L'intégration réussie des individus atteints de TDAH dans les environnements éducatifs et professionnels repose sur des aménagements raisonnables et une sensibilisation continue. Les adaptations telles que des horaires flexibles, un environnement de travail structuré et des supports technologiques peuvent favoriser la réussite académique et professionnelle des personnes atteintes de TDAH.

Plaidoyer pour l'inclusion et l'équité

Les efforts de plaidoyer visent à garantir que les personnes atteintes de TDAH bénéficient d'une égalité des chances dans tous les aspects de la vie, y compris l'accès à des soins de qualité et à des opportunités éducatives et professionnelles. Ces initiatives visent à promouvoir une société inclusive et à réduire les barrières sociales et économiques auxquelles font face les personnes atteintes de TDAH.

Les perspectives pour le TDAH sont prometteuses, avec des avancées continues dans la recherche et la pratique clinique qui visent à améliorer la qualité de vie des individus atteints. En intégrant ces nouvelles approches thérapeutiques, en exploitant les découvertes neuroscientifiques et en renforçant la sensibilisation sociale, nous pouvons progresser vers une meilleure prise en charge et une meilleure compréhension du TDAH dans notre société.

Ce chapitre illustre l'importance de rester informé et engagé dans le domaine du TDAH, en tant que professionnels, familles et communautés, pour soutenir efficacement ceux qui vivent avec cette condition neurodéveloppementale.

Conclusion : Comprendre et vivre avec le TDAH

Récapitulation des points clés abordés dans le livre

Au fil de ce guide de psychoéducation sur le TDAH, nous avons exploré en profondeur les différents aspects de cette condition neurodéveloppementale. Nous avons commencé par définir le TDAH et ses principaux symptômes, en passant par les causes potentielles incluant les facteurs génétiques et environnementaux. Nous avons discuté du processus de diagnostic essentiel pour enfants, adolescents et adultes, soulignant l'importance d'une évaluation multidimensionnelle et de l'utilisation d'outils appropriés.

Nous avons également examiné l'impact significatif du TDAH sur la vie quotidienne, y compris les défis académiques, professionnels, ainsi que les relations interpersonnelles et l'estime de soi. Ensuite, nous avons exploré en détail les approches de traitement et de gestion disponibles, telles que les options thérapeutiques, les stratégies éducatives et les soutiens familiaux, essentiels pour une prise en charge efficace.

Nous avons ensuite offert des conseils pratiques pour la gestion quotidienne du TDAH, en mettant l'accent sur les techniques d'organisation, la gestion du temps et l'importance de l'auto-soin pour maintenir un équilibre optimal. Enfin, nous avons examiné comment le TDAH affecte les individus à différents âges, offrant des conseils spécifiques pour les enfants, les adolescents en transition vers l'indépendance, et les adultes naviguant entre carrière, relations et équilibre de vie.

Encouragement à une approche positive et proactive face au TDAH

Comprendre et vivre avec le TDAH nécessite une approche holistique et empathique. Plutôt que de se concentrer uniquement sur les défis que le TDAH peut présenter, nous encourageons une perspective positive qui met en lumière les forces et les compétences uniques des individus atteints de cette condition. En adoptant une approche proactive, fondée sur la connaissance et la compréhension, nous pouvons transformer les obstacles en opportunités d'apprentissage et de croissance personnelle.

Il est crucial de reconnaître que chaque personne atteinte de TDAH est unique, avec des besoins et des préférences individuelles. En embrassant la diversité des expériences et en favorisant un environnement inclusif, nous pouvons soutenir efficacement les personnes atteintes de TDAH à tous les niveaux de la société.

Ressources supplémentaires et recommandations pour aller plus loin

Pour ceux qui souhaitent approfondir leurs connaissances ou trouver des soutiens supplémentaires, il existe une multitude de ressources disponibles :

- Associations et groupes de soutien : Rejoignez des associations locales ou des groupes de soutien en ligne pour partager des expériences, obtenir des conseils pratiques et trouver du soutien émotionnel.

- Livres et articles : Explorez des ouvrages spécialisés sur le TDAH, des articles scientifiques et des blogs écrits par des experts pour rester informé des dernières recherches et des meilleures pratiques.

- Formation et ateliers : Participez à des formations professionnelles ou des ateliers sur le TDAH pour acquérir des compétences supplémentaires en gestion et en soutien.

- Services de conseil et thérapie : Consultez des professionnels de la santé mentale spécialisés dans le TDAH pour des évaluations approfondies, des conseils personnalisés et des stratégies de gestion.

En conclusion, comprendre et vivre avec le TDAH est un voyage continu qui nécessite engagement, patience et soutien. En intégrant les connaissances et les stratégies discutées dans ce guide, nous pouvons travailler ensemble pour créer un environnement plus inclusif et soutenir pleinement ceux qui vivent avec le TDAH. Ensemble, nous pouvons cultiver un avenir où chaque individu, indépendamment de ses défis, peut atteindre son plein potentiel et s'épanouir dans tous les aspects de la vie.

Annexe : Comprendre et vivre avec le TDAH

Glossaire des termes clés

Pour faciliter la compréhension des concepts clés abordés dans ce livre, voici un glossaire des termes fréquemment utilisés :

- TDAH (Trouble Déficitaire de l'Attention avec ou sans Hyperactivité) : Un trouble neurodéveloppemental caractérisé par des niveaux inappropriés d'inattention, d'hyperactivité et d'impulsivité qui interfèrent avec le fonctionnement ou le développement.

- Neurotransmetteurs : Des substances chimiques utilisées par les neurones pour communiquer entre eux.

- IRM (Imagerie par Résonance Magnétique) : Technique d'imagerie médicale qui utilise des champs magnétiques pour obtenir des images détaillées de structures anatomiques et fonctionnelles du cerveau.

- Thérapie Cognitive-Comportementale (TCC) : Une forme de psychothérapie qui aide les individus à changer les schémas de pensée négatifs ou destructeurs et à adopter des comportements plus sains.

- Neurofeedback : Une technique de biofeedback qui entraîne les individus à modifier leur activité cérébrale en temps réel afin d'améliorer la concentration et la gestion des émotions.

- Aménagements raisonnables : Adaptations spécifiques dans l'environnement éducatif ou professionnel pour répondre aux besoins des personnes atteintes de TDAH, comme des pauses fréquentes ou un environnement de travail calme.

Ressources en ligne et associations de soutien

Pour ceux qui cherchent à approfondir leur compréhension du TDAH ou à trouver du soutien pratique, voici quelques ressources recommandées :

- Fédération Française des DYS : Cette organisation propose des informations sur le TDAH et d'autres troubles neurodéveloppementaux, ainsi que des liens vers des associations locales et des groupes de soutien.

- Association Française des Centres de Consultation en Déficience de l'Attention : Offre des ressources éducatives et des informations sur les services de consultation spécialisés pour le TDAH.

- CRIADDH (Centre de Référence pour le Trouble Déficitaire de l'Attention avec ou sans Hyperactivité) : Propose des outils cliniques, des formations et des événements pour les professionnels de la santé et les personnes concernées par le TDAH.

- HyperSupers TDAH France : Une association de familles et de professionnels engagés dans l'amélioration de la qualité de vie des personnes atteintes de TDAH en France.

Ces ressources offrent un accès à des informations fiables, des soutiens communautaires et des opportunités d'éducation continue.

Outils pratiques et modèles de planification

Pour faciliter la gestion quotidienne du TDAH, voici quelques outils pratiques et modèles de planification recommandés :

- Agenda et planificateurs spécifiques au TDAH : Des outils conçus pour aider à organiser les tâches quotidiennes, à gérer le temps de manière efficace et à suivre les engagements.

- Applications mobiles : Comme "Todoist", "Any.do" ou "Remember the Milk", qui offrent des fonctionnalités telles que les rappels, les listes de tâches et la synchronisation avec d'autres appareils.

- Techniques de gestion du temps : Comme la méthode Pomodoro, qui consiste à travailler par intervalles de temps définis suivis de courtes pauses pour améliorer la concentration et la productivité.

- Stratégies d'organisation de l'espace de travail : Telles que la délimitation des zones spécifiques pour différentes activités, la réduction des distractions visuelles et le maintien d'un environnement ordonné.

Ces outils et techniques peuvent être adaptés en fonction des besoins individuels et sont destinés à soutenir une gestion efficace du TDAH dans divers contextes de vie.

Cette annexe vise à fournir des ressources pratiques et des outils utiles pour compléter les connaissances acquises dans notre guide de psychoéducation sur le TDAH. En combinant compréhension, soutien communautaire et stratégies personnalisées, nous espérons contribuer à une meilleure qualité de vie pour ceux qui vivent avec le TDAH et leurs proches.